www.QuoraChinese.com

ESSENTIAL GUIDE TO CHINESE HISTORY

PART 10

SUI DYNASTY

隋朝

SECOND EDITION (LARGE PRINT)

学习简单的中国历史文化

QING QING JIANG

PREFACE

Welcome to the Chinese History series, a series dedicated to helping Mandarin Chinese learners improve Chinese reading skills. In this series, we will discover China's 5,000-year-old history. Each of the book will focus on one important ruling Chinese dynasty. The books contain numerous lessons in Mandarin Chinese. We start with a ruling dynasty specific preface (前言), a brief introduction to the dynasty or related themes, and continue to dig the important aspects of the ruling era, such as politics, economy, etc. in the form or chapters. Each book contains 5 to 10 chapters. For the readers' convenience, a comprehensive list of vocabulary has been provided at the beginning of each chapter. The pinyin for the Chinese text is provided after the main text. Further, to enforce deeper learning, the English interpretation of the Chinese text has been purposely excluded for the books. This would help the readers think deeply about the contents the way native Chinese think. In order to help the Chinese learner remember important characters, words, long words, idioms, etc., these entities have been purposely repeated throughout the book, and across the books in the series. Taken together, the books in Chinese History series will tremendously help readers improve their Chinese reading skills.

If you have any questions, suggestions, and feedbacks, feel free to let me know in the review or comments.

You can find more about China and Chinese culture on my amazon homepage.

I blog at:

www.QuoraChinese.com

-Qing Qing 江清清

©2023 Qing Qing Jiang

All rights reserved.

ESSENTIAL GUIDE TO CHINESE HISTORY

ACKNOWLEDGMENTS

I am a blogger. It has been a long and interesting journey since I started blogging quite a few years ago.

The blogging passion enabled me to write useful contents. In particular, I have been writing about China, and its culture.

My passion in writing was supported by my friends, colleagues, and most importantly, the almighty.

I thank everyone for constantly inspiring me in my life endeavours.

CONTENTS

PREFACE 2
ACKNOWLEDGMENTS 4
CONTENTS 5
INTRODUCTION TO THE HISTORY OF JIN DYNASTY (晋朝历史简介) 8
TURKIC WAR (突厥之战) 11
GO SOUTH TO DEFEAT CHEN (南下灭陈) 17
KAIHUANG'S RULE (开皇之治) 23
OPENING THE CANAL (开通运河) 28
THE THREE CONQUESTS (三征高句丽) 32
PEASANT UPRISING IN THE LATE SUI DYNASTY (隋末农民起义) 37

前言

　　西晋过后，中国经历了几百年的混战时期，这个时期分裂割据不断，各个政权不断涌现，给国家给人民都带来了极大的损耗。直到隋朝，结束了分裂的局面，又建立了中国大一统王朝。隋朝在历史上也是很重要的一个时期，虽然只存在几十年，但是意义非凡。隋朝之前有两晋南北朝的混乱，隋朝后有盛唐之治。历史学家经常把隋朝和唐朝放在一起，因为隋唐在中国历史上都是经营的十分好的，创造了一派辉煌的局面。起初杨坚建立隋朝，南下灭陈之后，实现统一。为了巩固统治，隋朝还与突厥一战，击溃突厥，巩固军防，加强军事力量。不仅如此，还修建了大运河，使南方和北方的沟通更加便利。在隋文帝统治时期，还开创了著名的开皇之治。但是由于隋炀帝的暴虐统治，隋末爆发了多次农名起义，虽然皆以失败告终，但是加速了隋朝的灭亡。

Xījìn guòhòu, zhōngguó jīnglìle jǐ bǎi nián de hùnzhàn shíqí, zhège shíqí fēnliè gējù bùduàn, gègè zhèngquán bùduàn yǒngxiàn, gěi guójiā jǐ rénmín dōu dài láile jí dà de sǔnhào. Zhídào suí cháo, jiéshùle fēnliè de júmiàn, yòu jiànlìle zhōngguó dà yītǒng wángcháo. Suí cháo zài lìshǐ shàng yěshì hěn zhòngyào de yīgè shíqí, suīrán zhǐ cúnzài jǐ shí nián, dànshì yìyì fēifán. Suí zhāo zhīqián yǒu liǎngjìn nánběicháo de hǔnluàn, suí cháo hòu yǒu shèng tángzhīzhì. Lìshǐ xué jiā jīngcháng bǎ suí cháo hé tángcháofàng zài yīqǐ, yīnwèi suítáng zài zhōngguó lìshǐ shàng dū shì jīngyíng de shífēn hǎo de, chuàngzàole yīpài huīhuáng de júmiàn. Qǐchū yángjiān jiànlì suí cháo, nánxià miè chén zhīhòu, shíxiàn tǒngyī. Wèile gǒnggù tǒngzhì, suí cháo hái yǔ tūjué yī zhàn, jíkuì tūjué, gǒnggù jūn fáng, jiāqiáng jūnshì lìliàng. Bùjǐn rúcǐ, hái xiūjiànle dà yùnhé, shǐ nánfāng hé běifāng de gōutōng gèngjiā biànlì. Zài suí wéndì tǒngzhì shíqí, hái kāichuàngle zhùmíng de kāi huáng zhī zhì. Dànshì yóuyú suí yáng dì de bàonüè tǒngzhì, suí mò bàofāle duō cì nóng míng qǐyì, suīrán jiē yǐ shībài gàozhōng, dànshì jiāsùle suí cháo de mièwáng.

INTRODUCTION TO THE HISTORY OF JIN DYNASTY (晋朝历史简介)

The Sui Dynasty (隋朝, 581-618/619) was a ruling dynasty in Chinese history. It was preceded by the Southern and Northern Dynasties (南北朝, 420-589), and succeeded by the Tang Dynasty (唐朝, 618-907). The dynasty had four emperors: Yang Jian (杨坚/隋文帝, 541-604), Yang Ying/Yang Guang (杨英/杨广/隋炀帝, 569-618), Yang You (杨侑/隋恭帝, 605-619), and Yang Dong (杨侗/皇泰主, 604-619).

Although the dynasty had four emperors, only the first two emperors could rule effectively. The last two emperors were largely ceremonial emperors.

The dynasty ruled the country for about 37 years.

The Northern Zhou Dynasty (北周) fell in 581 when Emperor Jing of the Northern Zhou Dynasty (北周静帝/宇文阐) surrendered to the Prime Minister Yang Jian (丞相杨坚). Subsequently, Yang Jian founded the Sui Dynasty with its his capital in the Daxing City (大兴城), located in modern Xi'an, Shaanxi Province (今陕西省西安市). In Chinese history, Yang Jian is also known as the Emperor Wen of the Sui Dynasty (隋文帝).

In 589 AD, the Sui army went south to defeat the Chen Dynasty (陈朝, 557-589) and unified the ancient China. This successful campaign ended the nearly 300-year long division of ancient China since the end of the Western Jin Dynasty (西晋末年).

Emperor Wen of the Sui Dynasty made great efforts to govern the state and created a prosperous ruling atmosphere under what became known as the "Rule of Kaihuang" (开皇之治) in Chinese history.

In AD 604, Emperor Yang Guang (隋炀帝) of the Sui Dynasty took the throne and built the Eastern Capital (东都), located in the modern Luoyang City, Henan Province (今河南省洛阳市). He also built the Grand Canal (大运河/隋朝大运河), which was further improved during the Tang Dynasty. Hence, the Sui Dynasty's Grand Canal (隋朝大运河) is also known as the Grand Canal of Sui and Tang Dynasties (隋唐大运河). The Grand Canal, centered on Luoyang, connected Zhuo Jun (涿郡, now in Beijing 今北京: some areas of today's Beijing City were once part of Zhuo Jun) in the north, to Yuhang (余杭, now Hangzhou, 今杭州) in the south. The modern Yuhang District (余杭区), affiliated with Hangzhou City (Zhejiang Province), is located in the east, west and north of Hangzhou City. As such, Yuhang is located in the Hangjiahu Plain (杭嘉湖平原) and forms the southern end of the Beijing-Hangzhou Grand Canal.

Unfortunately, the internal and external issues coupled with the reform measures, excessively consumed the national resources of the Sui empire. This ultimately led to the start of the rebellions, lasting until the end of the Sui Dynasty.

In 618, Yuwen Huaji (宇文化及, surname: Yuwen, 宇文) and others launched a mutiny to kill Emperor Yang of Sui (隋炀帝). Finally, the Emperor was killed by Yuwen Huaji and the rebels. The young Yang You ascended to the throne. He could rule only briefly as Li Yuan (李渊, 566-635) forced Yang You to surrender.

Subsequently, Li Yuan founded the Tang Dynasty and became the founding emperor of Tang Dynasty.

In 619, Yang Dong was forced to take the throne of Zheng State (郑国). With this, the Sui Dynasty completely collapsed.

The Sui Dynasty carried out major reforms in the fields of politics, economy, culture, and foreign diplomacy. These reforms included consolidation of centralization, the formal implementation of the imperial examination system, the merit based selection of outstanding talents, the weakening of the monopoly of the aristocratic clan, and the performance appraisal system (考绩制). Several reforms were inspired by the governance of the Southern and Northern Dynasties. Further, the construction of the Grand Canal improved the water supplies and transportation lines. The government continued to reform the military system. Economically, the dynasty implemented the land reforms and improved working conditions of the farmers and labors which helped streamline the production pressure on the peasants. It also took measures to check household registration, such as the large-scale surveys and sample registrations, which helped increase the fiscal revenue. At that time, the Sui kingdom enjoyed peaceful relations with the neighboring countries who were deeply influenced by the Chinese culture as well as the governance of the Sui Dynasty. The cross border cultural exchanged became common. Japan became well-known for sending envoys to the Sui Dynasty.

TURKIC WAR (突厥之战)

1	突厥	Tūjué	Tujue, a nationality in ancient China
2	隐患	Yǐnhuàn	Hidden trouble; latent danger; lurking peril; hidden danger
3	盘踞	Pánjù	Illegally or forcibly occupy; be entrenched; settle in
4	在北方	Zài běifāng	(In the) north
5	经常	Jīngcháng	Often; everyday; daily; constantly
6	边界	Biānjiè	Boundary; frontier; border; borderline
7	作乱	Zuòluàn	Stage an armed rebellion; rise in revolt
8	边防	Biānfáng	Frontier defense; border defense
9	极大	Jí dà	Maximum
10	小瞧	Xiǎo qiáo	Underestimate; look down upon
11	在当时	Zài dāngshí	At that time; in those days; at the time
12	尤其是	Yóuqí shì	In particular; the more so; to crown all
13	全世界	Quán shìjiè	The whole world; the whole creation
14	可以说	Kěyǐ shuō	It is not too much to say; it is too much to say; so to speak
15	得益于	Dé yì yú	Get benefit from; profit from; benefit by; profit by
16	高瞻远瞩	Gāozhān yuǎnzhǔ	Look far ahead from a high plane; look far ahead and aim high; take a broad and long view; stand high and gaze far
17	自己的	Zìjǐ de	Self

18	建立起	Jiànlì qǐ	Establish; found; set up
19	谈起	Tán qǐ	Mention; speak of
20	东欧	Dōng'ōu	Eastern Europe
21	轻举妄动	Qīngjǔ wàngdòng	Act rashly and blindly; a leap in the dark; a rash and unconsidered action; behave lightly
22	俗话说	Súhuà shuō	As the saying goes; it is a common saying that
23	初生	Chūshēng	Nascent; primary; newborn
24	牛犊	Niúdú	Calf
25	战书	Zhàn shū	Written challenge to war; letter of challenge
26	长城	Chángchéng	The Great Wall
27	期间	Qíjiān	Time; period; course; duration
28	大大	Dàdà	Greatly; enormously
29	战争	Zhànzhēng	War; warfare
30	庇护	Bìhù	Shield; shelter; protect
31	屡次	Lǚcì	Time and again; repeatedly
32	进攻	Jìngōng	Attack; assault; offensive
33	以失败告终	Yǐ shībài gàozhōng	End in disaster
34	万全	Wànquán	Perfectly sound; surefire
35	攻打	Gōngdǎ	Attack; assault; assail
36	召集	Zhàojí	Call together; convene
37	集思广益	Jísī guǎngyì	Benefit by mutual discussion; draw on collective wisdom and absorb all useful ideas; draw upon all useful opinions; Four eyes see more than two
38	采纳	Cǎinà	Accept; adopt; take
39	针对性	Zhēnduì	Focus; focalization

		xìng	
40	方针	Fāngzhēn	Policy; guiding principle; orientation
41	各个击破	Gège jípò	Crush one by one; destroy one by one
42	当时	Dāngshí	Then; at that time; just at that moment; right away; at once; immediately
43	仍然	Réngrán	Still; yet; as usual; as before
44	原始	Yuánshǐ	Original; firsthand; primeval; primitive
45	野蛮	Yěmán	Uncivilized; uncultivated; savage; barbarous
46	再加上	Zài jiā shàng	Add; plus; and; more
47	内部	Nèibù	Interior; inside; inward; indoor
48	十分	Shífēn	Very; fully; utterly; extremely
49	团结	Tuánjié	Unite; rally
50	吃亏	Chīkuī	Suffer losses; come to grief; get the worst of it
51	还是	Háishì	Still; nevertheless; all the same
52	瓦解	Wǎjiě	Disintegrate; collapse; crumble; disorganize
53	虽然	Suīrán	Though; although
54	挣扎	Zhēngzhá	Struggle
55	一段时间	Yīduàn shíjiān	A period of time
56	最终	Zuìzhōng	Final; ultimate
57	归顺	Guīshùn	Come over and pledge allegiance
58	经过	Jīngguò	Pass; go through; go by
59	胜利	Shènglì	Win; victory; triumph; successfully
60	壮大	Zhuàngdà	Strengthen; expand
61	自身	Zìshēn	Oneself; self

62	力量	Lìliàng	Physical strength
63	接下来	Jiē xiàlái	Then; accept; take
64	做好	Zuò hǎo	Finish; complete
65	准备	Zhǔnbèi	Prepare; get ready; intend; plan

Chinese (中文)

突厥是隋朝的一大隐患，长期盘踞在北方地区，经常在边界作乱，给隋朝的边防带来了极大的压力。

别小瞧突厥，在当时，突厥的疆域十分广阔。尤其是在巅峰时期，达到了前所未有的高度，其影响力在全世界都排的上号，可以说不输隋朝。这也得益于突厥的高瞻远瞩，不断的扩展自己的领土，建立起了一个大帝国。

谈起突厥，连东欧的一些国家都不敢轻举妄动。但俗话说的好，初生牛犊不怕虎，初立的隋朝面对突厥毫不畏惧，为了巩固统治，向突厥下了战书。最终，隋朝和突厥在长城附近迎来了一战。

这一战持续了二十六年，期间有大大小小的战争。但由于隋朝有长城的庇护，突厥屡次进攻，均以失败告终。

面对如此强大的一个帝国，隋朝也提前做好了万全的准备。在攻打高句丽之前，隋文帝召集群臣，集思广益，最后采纳了具有针对性的方针和战略，既然突厥是个大帝国，那就各个击破突厥。

而当时的突厥仍然采用较原始较野蛮的战略，再加上内部也不是十分团结，所以打起仗来还是比较吃亏的。

突厥最后还是瓦解了，分裂成东突厥和西突厥，其中虽然挣扎了一段时间，但最终还是归顺了隋朝。

经过隋与突厥之战的胜利，隋朝壮大了自身的力量，也为接下来的隋灭陈之战做好了准备。

Pinyin (拼音)

Tūjué shì suí cháo de yī dà yǐnhuàn, chángqí pánjù zài běifāng dìqū, jīngcháng zài biānjiè zuòluàn, gěi suí cháo de biānfáng dài láile jí dà de yālì.

Bié xiǎoqiáo tūjué, zài dāngshí, tūjué de jiāngyù shífēn guǎngkuò. Yóuqí shì zài diānfēng shíqí, dádàole qiánsuǒwèiyǒu de gāodù, qí yǐngxiǎng lì zài quán shìjiè dōu pái de shàng hào, kěyǐ shuō bu shū suí cháo. Zhè yě dé yì yú tūjué de gāozhānyuǎnzhǔ, búduàn de kuòzhǎn zìjǐ de lǐngtǔ, jiànlì qǐle yīgè dà dìguó.

Tán qǐ tūjué, lián dōng'ōu de yīxiē guójiā dōu bù gǎn qīngjǔwàngdòng. Dàn súhuà shuō de hǎo, chūshēng niúdú bùpà hǔ, chū lì de suí cháo miàn duì tūjué háo bù wèijù, wèile gǒnggù tǒngzhì, xiàng tūjué xiàle zhàn shū. Zuìzhōng, suí cháo hé tūjué zài chángchéng fùjìn yíng láile yī zhàn.

Zhè yī zhàn chíxùle èrshíliù nián, qíjiān yǒu dà dàxiǎo xiǎo de zhànzhēng. Dàn yóuyú suí cháo yǒu chángchéng de bìhù, tūjué lǚcì jìngōng, jūn yǐ shībài gàozhōng.

Miàn duì rúcǐ qiángdà de yīgè dìguó, suí cháo yě tíqián zuò hǎole wànquán de zhǔnbèi. Zài gōngdǎ gāojùlì zhīqián, suí wéndì zhàojí qún chén, jísīguǎngyì, zuìhòu cǎinàle jùyǒu zhēnduì xìng de fāngzhēn hé zhànlüè, jìrán tūjué shìgè dà dìguó, nà jiù gègè jípò tūjué.

Ér dāngshí dì tú jué réngrán cǎiyòng jiào yuánshǐ jiào yěmán de zhànlüè, zài jiā shàng nèibù yě bùshì shífēn tuánjié, suǒyǐ dǎ qǐ zhàng lái háishì bǐjiào chīkuī de.

  Tūjué zuìhòu háishì wǎjiěle, fēnliè chéng dōng tūjué hé xī tūjué, qízhōng suīrán zhēngzhále yīduàn shíjiān, dàn zuìzhōng háishì guīshùnle suí cháo.

  Jīngguò suí yǔ tūjué zhī zhàn de shènglì, suí cháo zhuàngdàle zìshēn de lìliàng, yě wèi jiē xiàlái de suí miè chén zhī zhàn zuò hǎole zhǔnbèi.

GO SOUTH TO DEFEAT CHEN (南下灭陈)

1	时候	Shíhòu	Time
2	当时	Dāngshí	Then; at that time
3	完全	Wánquán	Complete; whole; perfect; completely
4	统一	Tǒngyī	Unify; unite; integrate; unified
5	一定	Yīdìng	Fixed; established; regular
6	准备	Zhǔnbèi	Prepare; get ready; intend; plan
7	打算	Dǎsuàn	Intend; plan; think; mean
8	攻打	Gōngdǎ	Attack; assault; assail
9	天下	Tiānxià	China or the world; land under heaven
10	但是	Dànshì	But; however; yet; still
11	位于	Wèiyú	Be located; be situated; be seated; lie
12	中国	Zhōngguó	China; Sino-
13	南方	Nánfāng	South; the southern part of the country
14	地区	Dìqū	Area; district; region; prefecture
15	得天独厚	Détiān dúhòu	Lucky; fortunate; be richly endowed by nature; abound in gifts of nature; be born under a lucky star
16	地理位置	Dìlǐ wèizhì	Geographical situation; geographic location
17	优势	Yōushì	Superiority; preponderance; dominant position; goodness
18	实力	Shílì	Actual strength; strength

19	商讨	Shāngtǎo	Discuss; deliberate over
20	计谋	Jìmóu	Scheme; stratagem; plot
21	臣子	Chénzǐ	Official in feudal times
22	秦岭	Qínlǐng	Qinling mountains
23	淮河	Huáihé	Huai river
24	收割	Shōugē	Reap; harvest; gather in
25	放出	Fàngchū	Give out; let out; emit; discharge
26	他们的	Tāmen de	Their; theirs
27	耽误	Dānwù	Delay; hold up
28	如此	Rúcǐ	So; such; in this way; like that
29	反复	Fǎnfù	Repeatedly; again and again
30	必定	Bìdìng	Be bound to; be sure to; certainly; undoubtedly
31	以为	Yǐwéi	Think; believe; consider
32	戏耍	Xìshuǎ	Make fun of; play tricks on; tease
33	等到	Děngdào	By the time; when
34	进攻	Jìngōng	Attack; assault; offensive
35	相信	Xiāngxìn	Believe in; be convinced of; have faith in; take stock in
36	这时候	Zhè shíhòu	This time; at this point; At that moment
37	最好	Zuì hǎo	Best; first-rate; had better; it would be best
38	事实	Shìshí	Fact
39	士兵	Shìbīng	Rank-and-file soldiers; privates
40	团团转	Tuántuán zhuàn	Round and round
41	庄稼	Zhuāngjià	Away-going crop; crops
42	收获	Shōuhuò	Gather in the crops; harvest; reap; results

43	军心	Jūnxīn	Soldier's morale; morale of the troops
44	攻下	Gōng xià	Capture; take; overcome
45	横渡	Héngdù	Cross (river, sea, etc.)
46	在当时	Zài dāngshí	At that time; in those days; at the time
47	可以说	Kěyǐ shuō	It is not too much to say; it is too much to say; so to speak
48	庇护	Bìhù	Shield; shelter; protect
49	屏障	Píngzhàng	Protective screen
50	此处	Cǐ chù	This place, here
51	湍急	Tuānjí	Rapid; torrential
52	难事	Nánshì	Difficulty; a hard nut to crack
53	兵分两路	Bīng fēn liǎng lù	The army branched out into two columns
54	一部分	Yībùfèn	A part; a portion; partial; partially
55	军队	Jūnduì	Armed forces; army; troops; host
56	出发	Chūfā	Set out; start off; leave; depart
57	下游	Xiàyóu	Lower reaches; downstream; after-bay; tail water
58	大雾	Dà wù	Dense fog
59	敌军	Dí jūn	Enemy troops; the enemy; hostile forces
60	此时	Cǐ shí	This moment; right now; now; at present
61	君主	Jūnzhǔ	Monarch; sovereign
62	不以为然	Bùyǐ wéirán	Not to regard it as right; object to; disapprovingly; not altogether approve of
63	这么些	Zhème xiē	So much; so many

64	长江	Chángjiāng	The Changjiang River; the Yangtze River
65	不思进取	Bù sī jìnqǔ	Inertia; rest on one's laurels; not to strive on their own
66	防备	Fángbèi	Guard against; take precautions against
67	最后	Zuìhòu	Last; final; ultimate
68	直接	Zhíjiē	Direct; immediate
69	都城	Dūchéng	Capital (of a country); manor for a minister
70	生擒	Shēngqín	Capture
71	实现	Shíxiàn	Realize; achieve; bring about; come true
72	一统天下	Yītǒng tiānxià	Rule all the land; All the empire came under one's sway

Chinese (中文)

杨坚建立隋朝的时候，当时中国并没有完全统一。在做了一定的准备后，杨坚打算攻打陈朝，实现天下的统一。

但是当时的陈朝位于中国的南方地区，有着得天独厚的地理位置优势，实力也是不可小觑的。

杨坚召集群臣商讨攻打陈朝的计谋。有一位臣子提议道，陈朝位于秦岭淮河以南，气候温暖湿润，收割庄稼的时间会比北方地区更早。我们不如趁这个机会，放出要攻打他们的消息，这时候他们必定会有所准备，但是同时也会耽误庄稼的收获。我们如此反复，他们必定会以为我们在戏耍他们。等到我们真正进攻的时候，他们便不会再相信了，这时候便是我们最好的机会。

事实果然如此，陈朝的士兵被耍的团团转，既被人戏耍了，又耽误了庄稼的收获，闹得军心不稳。

但是想要攻下陈朝，关键的还是在横渡长江。在当时，长江可以说是陈朝的天然庇护屏障，曾经有很多国家想要攻打陈朝，但都败在了此处。毕竟这长江又长又湍急，想要横渡长江还真是件难事。

隋朝兵分两路，一部分军队从上游出发，另一队则从下游出发。而且趁着当时起了浓浓的大雾，不易被敌军发现。

此时的陈朝君主不以为然，这么些年来，他们仗着有长江庇护着他们，不思进取，对隋朝的军队也没有防备之心。

最后隋朝的军队直接攻入都城，生擒了陈国君主，实现了一统天下。

Pinyin (拼音)

Yángjiān jiànlì suí cháo de shíhòu, dāngshí zhōngguó bìng méiyǒu wánquán tǒngyī. Zài zuòle yīdìng de zhǔnbèi hòu, yángjiān dǎsuàn gōngdǎ chén cháo, shíxiàn tiānxià de tǒngyī.

Dànshì dāngshí de chén cháo wèiyú zhōngguó de nánfāng dìqū, yǒuzhe détiāndúhòu dì dìlǐ wèizhì yōushì, shílì yěshì bùkě xiǎo qù de.

Yángjiān zhàojí qún chén shāngtǎo gōngdǎ chén cháo de jìmóu. Yǒuyī wèi chénzǐ tíyì dào, chén cháo wèiyú qínlǐng huáihé yǐ nán, qìhòu wēnnuǎn shīrùn, shōugē zhuāngjià de shíjiān huì bǐ běifāng dìqū gèng zǎo. Wǒmen bùrú chèn zhège jīhuì, fàngchū yào gōngdǎ tāmen de xiāoxī, zhè shíhòu tāmen bìdìng huì yǒu suǒ zhǔnbèi, dànshì tóngshí yě huì dānwù zhuāngjià de shōuhuò. Wǒmen rúcǐ fǎnfù, tāmen bìdìng huì yǐwéi wǒmen zài xìshuǎ tāmen. Děngdào wǒmen zhēnzhèng jìngōng de shíhòu, tāmen biàn bù huì zài xiāngxìnle, zhè shíhòu biàn shì wǒmen zuì hǎo de jīhuì.

Shìshí guǒrán rúcǐ, chén cháo dí shìbīng bèi shuǎ de tuántuánzhuàn, jì bèi rén xìshuǎle, yòu dānwùle zhuāngjià de shōuhuò, nào dé jūnxīn bù wěn.

Dànshì xiǎng yào gōng xià chén cháo, guānjiàn de háishì zài héngdù chángjiāng. Zài dāngshí, chángjiāng kěyǐ shuō shì chén cháo de tiānrán bìhù píngzhàng, céngjīng yǒu hěnduō guójiā xiǎng yào gōngdǎ chén cháo, dàn dōu bài zài liǎo cǐ chù. Bìjìng zhè chángjiāng yòu zhǎng yòu tuānjí, xiǎng yào héngdù chángjiāng hái zhēnshi jiàn nánshì.

Suícháobīng fēn liǎng lù, yībùfèn jūnduì cóng shàngyóu chūfā, lìng yī duì zé cóng xiàyóu chūfā. Érqiě chènzhe dāngshí qǐle nóng nóng de dà wù, bùyì bèi dí jūn fāxiàn.

Cǐ shí de chén cháo jūnzhǔ bùyǐwéirán, zhème xiē niánlái, tāmen zhàngzhe yǒu chángjiāng bìhùzhe tāmen, bù sī jìnqǔ, duì suí cháo de jūnduì yě méiyǒu fángbèi zhī xīn.

Zuìhòu suí cháo de jūnduì zhíjiē gōng rù dūchéng, shēngqínle chén guó jūnzhǔ, shíxiànle yītǒng tiānxià.

KAIHUANG'S RULE (开皇之治)

1	在位	Zài wèi	Be on the throne; reign
2	期间	Qíjiān	Time; period; course; duration
3	开创	Kāichuàng	Start; initiate; found; set up
4	盛世	Shèngshì	Flourishing age; heyday
5	经过	Jīngguò	Pass; go through; go by
6	几百	Jǐ bǎi	Several hundred; hundreds of; Several hundred; a few hundred
7	分裂	Fēnliè	Split; divide; break up; tear
8	安定	Āndìng	Stable; quiet; settled; stabilize
9	遭到	Zāo dào	Suffer; meet with; encounter
10	极大	Jí dà	Maximum
11	破坏	Pòhuài	Destroy; wreck; ruin; do great damage to
12	此时	Cǐ shí	This moment; right now; now; at present
13	事情	Shìqíng	Affair; matter; thing; business
14	富国	Fùguó	Enrich/modernize one's country; rich country
15	损耗	Sǔnhào	Loss; wear and tear; deterioration; waste
16	国库	Guókù	National treasury; exchequer
17	空虚	Kōngxū	Hollow; void; inanity
18	老百姓	Lǎobǎixìng	Folk; common people; ordinary people; civilians
19	收税	Shōu shuì	Collect taxes

20	力度	Lìdù	Intensity; strength; force; depth
21	百姓	Bǎixìng	Common people; people
22	负担	Fùdān	Bear; shoulder; burden; load
23	一举两得	Yījǔ liǎngdé	Shoot two hawks with one arrow
24	战乱	Zhànluàn	The chaos caused by war
25	纳入	Nàrù	Bring into; fit into
26	户籍	Hùjí	Census register; household register; registered permanent residence
27	上位	Shàngwèi	Superior
28	税收	Shuìshōu	Tax revenue
29	此后	Cǐhòu	After that; after this; from now on; henceforth
30	多次	Duō cì	Many times; time and again; repeatedly; on many occasions
31	减税	Jiǎn shuì	Abatement of tax; tax abatement; tax reduction
32	章法	Zhāngfǎ	Presentation of ideas in a piece of writing; art of composition
33	不必要	Bù bìyào	Unnecessary; dispensable; uncalled-for
34	地方行政	Dìfāng xíngzhèng	Local administration
35	正轨	Zhèngguǐ	The right path
36	充盈	Chōngyíng	Plentiful; full
37	越来越	Yuè lái yuè	More and more
38	严惩	Yánchéng	Punish severely

39	贪污	Tānwū	Corruption; graft; embezzlement; embezzle
40	官吏	Guānlì	Government officials
41	清廉	Qīnglián	Honest and upright; free from corruption
42	科举	Kējǔ	Imperial examination
43	先河	Xiānhé	Priority; the saying that the river is the source of the sea
44	不仅如此	Bùjǐn rúcǐ	Not only that; nor is this all; nay; Not only that; More Than That
45	民族融合	Mínzú rónghé	National amalgamation
46	种种	Zhǒngzhǒng	All sorts of; all kinds of; a variety of

先河: When the ancient emperors offered sacrifices, they first offered sacrifices to the Yellow River and then to the sea, thinking the river being the source of the sea.

Chinese (中文)

开皇之治指的是隋文帝杨坚在位期间所开创的盛世。

在经过几百年的分裂之后，人民的生活和国家的安定都遭到了极大的破坏，隋文帝此时要做的第一件事情就是富国。

由于长时期战争的损耗，隋朝的国库已经空虚了，因而老百姓的生活也得不到保障。所以隋文帝减轻了收税的力度，使得国家有税收来源的同时，又能够减轻老百姓的负担，一举两得。

由于之前战乱的影响，并不是所有的人口都纳入了户籍之中。隋文帝上位后，在全国上下重新进行了人口的调查，增加了税收的来源。而且此后，隋文帝多次减税，老百姓的生活得到进一步的改善。

在魏晋南北朝时期，地方的划分十分混乱，可以说是毫无章法可言，因而增加了许多不必要的开支。隋文帝上位后，重新规划并规范地方的行政划分，实行州，县二级制，地方行政划分也步入了正轨。正是由于这一措施，国库的开支减少了很多，国库充盈，所以国家也越来越充裕。

此外，隋文帝还严惩贪污官吏，以正清廉之风。在文化上很大的一个成就便是开科举考试之先河。不仅如此，隋文帝还注重加强民族之间的交流和融合，对民族融合做出了一定的贡献。

以上的种种措施，使得隋朝的经济有更一步的提升，便有了开皇之治。

Pinyin (拼音)

Kāi huáng zhī zhì zhǐ de shì suí wéndì yángjiān zài wèi qíjiān suǒ kāichuàng de shèngshì.

Zài jīngguò jǐ bǎi nián de fēnliè zhīhòu, rénmín de shēnghuó hé guójiā de āndìng dū zāo dàole jí dà de pòhuài, suí wéndì cǐ shí yào zuò de dì yī jiàn shìqíng jiùshì fùguó.

Yóuyú cháng shíqí zhànzhēng de sǔnhào, suí cháo de guókù yǐjīng kōngxūle, yīn'ér lǎobǎixìng de shēnghuó yě dé bù dào bǎozhàng. Suǒyǐ suí wéndì jiǎnqīngle shōu shuì de lìdù, shǐdé guójiā yǒu shuìshōu láiyuán de tóngshí, yòu nénggòu jiǎnqīng lǎobǎixìng de fùdān, yījǔliǎngdé.

Yóuyú zhīqián zhànluàn de yǐngxiǎng, bìng bùshì suǒyǒu de rénkǒu dōu nàrùle hùjí zhī zhōng. Suí wéndì shàngwèi hòu, zài quánguó shàngxià chóngxīn jìnxíngle rénkǒu de diàochá, zēngjiāle shuìshōu de láiyuán. Érqiě cǐhòu, suí wéndì duō cì jiǎn shuì, lǎobǎixìng de shēnghuó dédào jìnyībù de gǎishàn.

Zài wèi jìn nánběicháo shíqí, dìfāng de huàfēn shífēn hǔnluàn, kěyǐ shuō shì háo wú zhāngfǎ kě yán, yīn'ér zēngjiāle xǔduō bù bìyào de kāizhī. Suí wéndì shàngwèi hòu, chóngxīn guīhuà bìng guīfàn dìfāng de xíngzhèng huàfēn, shíxíng zhōu, xiàn èr jí zhì, dìfāng xíngzhèng huàfēn yě bù rùle zhèngguǐ. Zhèng shì yóuyú zhè yī cuòshī, guókù de kāizhī jiǎnshǎole hěnduō, guókù chōngyíng, suǒyǐ guójiā yě yuè lái yuè chōngyù.

Cǐwài, suí wéndì hái yánchéng tānwū guānlì, yǐ zhèng qīnglián zhī fēng. Zài wénhuà shàng hěn dà de yīgè chéngjiù biàn shì kāi kējǔ kǎoshì zhī xiānhé. Bùjǐn rúcǐ, suí wéndì hái zhùzhòng jiāqiáng mínzú zhī jiān de jiāoliú hé rónghé, duì mínzú rónghé zuò chūle yīdìng de gòngxiàn.

Yǐshàng de zhǒngzhǒng cuòshī, shǐdé suí cháo de jīngjì yǒu gèng yībù de tíshēng, biàn yǒule kāi huáng zhī zhì.

OPENING THE CANAL (开通运河)

1	京杭大运河	Jīngháng dà yùnhé	Beijing-Hangzhou Grand Canal; the Beijing-Hangzhou Grand Canal; the Grand Canal
2	源源不断	Yuányuán bùduàn	Continuously; in a steady stream; a steady flow of
3	流淌	Liútǎng	Flow; run
4	沿途	Yántú	On the way; throughout a journey
5	大运河	Dà yùnhé	The Grand Canal
6	什么时候	Shénme shíhòu	When; whenever
7	开凿	Kāizáo	Dig; cut; cutting
8	运河	Yùnhé	Canal
9	被称为	Bèi chēng wèi	Known as; be known as; be called
10	一开始	Yī kāishǐ	In the outset
11	政治原因	Zhèngzhì yuányīn	Political reasons
12	攻下	Gōng xià	Capture; take; overcome
13	陆路	Lùlù	Land route
14	不通畅	Bù tōngchàng	Not smooth; Not unobstructed; not free/open
15	打败	Dǎbài	Defeat; beat; worst
16	富饶	Fùráo	Richly endowed; fertile; abundant; rich
17	物资	Wùzī	Goods and materials
18	原先	Yuánxiān	Former; original
19	连接起来	Liánjiē qǐlái	Connect; link up/together

20	也就是	Yě jiùshì	Namely; i.e.; that is
21	深刻	Shēnkè	Depth; deep; profound; deep-going
22	首先	Shǒuxiān	First
23	世界上	Shìjiè shàng	On earth
24	长度	Chángdù	Length; longitude; size; extent
25	全长	Quán zhǎng	Overall length
26	大概	Dàgài	General idea; broad outline
27	其次	Qícì	Next; secondly; then
28	连接	Liánjiē	Connect; fit together; link; marry
29	南方	Nánfāng	South; the southern part of the country
30	北方	Běifāng	North; the northern part of the country
31	使得	Shǐdé	Can be used; usable
32	文化交流	Wénhuà jiāoliú	Cultural exchange
33	愈发	Yù fā	All the more; even more; further
34	频繁	Pínfán	Frequently; often
35	重大	Zhòngdà	Great; weighty; major; significant
36	征集	Zhēngjí	Collect
37	百姓	Bǎixìng	Common people; people
38	残酷	Cánkù	Cruel; brutal; inhuman; ruthless
39	老百姓	Lǎobǎixìng	Folk; common people; ordinary people; civilians
40	统治者	Tǒngzhì zhě	Ruler; sovereign

Chinese (中文)

如今的京杭大运河还在源源不断地流淌着,为沿途许多地区提供了便利。但你们知道这京杭大运河是什么时候开凿的吗?京杭大运河通常指的就是隋朝开凿的这条大运河,当时被称为隋唐大运河。

一开始,大运河的开凿也是出于政治原因。因为隋朝的中心在华北地区,为了攻下位于南方的陈朝,就必须源源不断的往南方输送物资,由于陆路不通畅,于是就有了这大运河的开凿。

打败了陈朝,统一了全国后,为了将南方富饶的物资输送到北方,隋朝又建立了更多的运河。原先天然的河流加上如今人工开凿的运河,连接起来便形成了一条大运河,也就是隋唐大运河。

隋朝大运河的开凿,具有深刻的历史意义。首先,这条运河是世界上开凿最早,而且是长度最长的运河,全长大概有三千米,可以称得上世界之最了。其次,这条大运河,连接了南方地区和北方地区,使得南北方的政治,经济,文化交流愈发频繁,对经济的发展也起到了重大的作用。

但是开凿大运河并不是百利无一害。在隋炀帝统治期间,由于开凿大运河要征集大量的百姓,隋炀帝便实行残酷的徭役,因而给老百姓带来了极重的负担,加剧了统治者与老百姓之间的矛盾。

Pinyin (拼音)

Rújīn de jīngháng dà yùnhé hái zài yuányuán bùduàn de liútǎngzhe, wèi yántú xǔduō dìqū tígōngle biànlì. Dàn nǐmen zhīdào zhè jīngháng dà yùnhé shì shénme shíhòu kāizáo de ma? Jīngháng dà yùnhé tōngcháng zhǐ de jiùshì suí cháo kāizáo de zhè tiáo dà yùnhé, dāngshí bèi chēng wèi suítáng dà yùnhé.

Yī kāishǐ, dà yùnhé de kāizáo yěshì chū yú zhèngzhì yuányīn. Yīnwèi suí cháo de zhōngxīn zài huáběi dìqū, wèile gōng xià wèiyú nánfāng de chén cháo, jiù bìxū yuányuán bùduàn de wǎng nánfāng shūsòng wùzī, yóuyú lùlù bù tōngchàng, yúshì jiù yǒule zhè dà yùnhé de kāizáo.

Dǎbàile chén cháo, tǒngyīliǎo quánguó hòu, wèile jiāng nánfāng fùráo de wùzī shūsòng dào běifāng, suí cháo yòu jiànlìle gèng duō de yùnhé. Yuánxiān tiānrán de héliú jiā shàng rújīn réngōng kāizáo de yùnhé, liánjiē qǐlái biàn xíngchéngle yītiáo dà yùnhé, yě jiùshì suítáng dà yùnhé.

Suí cháo dà yùnhé de kāizáo, jùyǒu shēnkè de lìshǐ yìyì. Shǒuxiān, zhè tiáo yùnhé shì shìjiè shàng kāizáo zuìzǎo, érqiě shì chángdù zuì zhǎng de yùnhé, quán zhǎng dàgài yǒusān qiān mǐ, kěyǐ chēng dé shàng shìjiè zhī zuìle. Qícì, zhè tiáo dà yùnhé, liánjiēle nánfāng dìqū hé běifāng dìqū, shǐdé nánběi fāng de zhèngzhì, jīngjì, wénhuà jiāoliú yù fā pínfán, duì jīngjì de fā zhǎn yě qǐ dàole zhòngdà de zuòyòng.

Dànshì kāizáo dà yùnhé bìng bùshì bǎi lì wú yī hài. Zài suí yáng dì tǒngzhì qíjiān, yóuyú kāizáo dà yùnhé yào zhēngjí dàliàng de bǎixìng, suí yáng dì biàn shíxíng cánkù de yáoyì, yīn'ér gěi lǎobǎixìng dài láile jí zhòng de fùdān, jiājùle tǒngzhì zhě yǔ lǎobǎixìng zhī jiān de máodùn.

THE THREE CONQUESTS (三征高句丽)

1	征	Zhēng	Start a campaign; go on a punitive expedition
2	高句丽	Gāo gōu lí	Gao Gou Li (Goguryeo), an ancient Chinese frontier regime that existed from the 1st century BC to the 7th century AD
3	上位	Shàngwèi	Superior
4	在位	Zài wèi	Be on the throne; reign
5	期间	Qíjiān	Time; period; course; duration
6	曾经	Céngjīng	Once
7	愈发	Yù fā	All the more; even more; further
8	激发	Jīfā	Arouse; stimulate; set off; stir up
9	矛盾	Máodùn	Contradiction; contradict; contradictory
10	之后	Zhīhòu	Later; after; afterwards
11	农民起义	Nóngmín qǐyì	Peasant uprising
12	隐患	Yǐnhuàn	Hidden trouble; latent danger; lurking peril
13	东边	Dōngbian	The east side
14	朝鲜半岛	Cháoxiǎn bàndǎo	The Korean Peninsula
15	大半	Dàbàn	More than half; greater part; for the most part; best part of
16	前身	Qiánshēn	Predecessor
17	游牧民族	Yóumù mínzú	Nomads; nomadic people

18	个个	Gè gè	Each and every one; all
19	攻打	Gōngdǎ	Attack; assault; assail
20	表面上	Biǎomiàn shàng	Superficial; ostensible; seeming; apparent
21	臣服	Chénfú	Submit oneself to the rule of; acknowledge allegiance to
22	私下	Sīxià	In private; in secret; privately; under the rose
23	勾结	Gōujié	Collude with; play footsie; in league with; be hand and glove with
24	势力	Shìlì	Force; power; influence
25	不断地	Bùduàn de	End-to-end; steadily; together
26	不容	Bùróng	Not tolerate; not allow; not brook
27	小觑	Xiǎo qù	Look at with contempt
28	往来	Wǎnglái	Come and go; to and fro; back and forth; contact
29	自己的	Zìjǐ de	Self
30	区区	Qūqū	Trivial; trifling; a poor present; a shabby gift
31	弹丸之地	Dànwán zhī dì	Tiny piece of land
32	竟敢	Jìng gǎn	Have the audacity; have the impertinence; dare
33	地盘	Dìpán	Domain; territory under one's control; sphere; foundation
34	忍无可忍	Rěnwú kěrěn	Have reached the end of one's forbearance; be past endurance
35	征战	Zhēngzhàn	Go on an expedition
36	两年	Liǎng nián	Years; Two years; For two years.
37	时间	Shíjiān	Time; hour

38	发动	Fādòng	Start; launch; engine on; get started
39	战争	Zhànzhēng	War; warfare
40	可惜	Kěxí	It's a pity; It's too bad; unfortunately; It is to be regretted that
41	失败告终	Shībài gàozhōng	End up in failure
42	平定	Píngdìng	Calm down; pacify
43	壮大	Zhuàngdà	Strengthen; expand
44	自我	Zìwǒ	Oneself; self; ego
45	没想到	Méi xiǎngdào	Have not expected or thought of
46	最后	Zuìhòu	Last; final; ultimate
47	适得其反	Shìdé qífǎn	Exactly opposite; run counter to one's desire; be just the opposite to what one wished; accomplish the very opposite
48	自己	Zìjǐ	Oneself; of one's own side; closely related
49	进去	Jìnqù	Go in; get in; enter; in
50	对外	Duìwài	External; foreign
51	消耗	Xiāohào	Consume; use up; expend; deplete
52	巨大	Jùdà	Huge; tremendous; enormous; gigantic
53	损失惨重	Sǔnshī cǎnzhòng	Heavy losses; tremendous losses
54	民不聊生	Mínbù liáoshēng	Poor living conditions; live on the edge of starvation
55	接下来	Jiē xiàlái	Then; accept; take
56	爆发	Bàofā	Erupt; burst; break out; blow up

Chinese (中文)

隋文帝死后,隋炀帝上位。隋炀帝在位期间,曾经三征高句丽,愈发的激发了矛盾,为之后的农民起义埋下了隐患。

当时的高句丽位于中国的东边,占据朝鲜半岛的大半部分。但是与隋朝相比,还算是一个面积比较小的国家,但是由于高句丽的前身是游牧民族,所以高句丽人个个都骁勇善战,所以也更加难以攻打。

高句丽虽然表面上臣服于隋朝,但是私下里勾结其他势力,不断地强大自身力量。但是由于高句丽的实力也不容小觑。出于政治安全的考虑,隋朝和高句丽表面上还是保持着友好的往来。

直到高句丽一位国王在位时,为了扩张自己的领土竟然攻打到隋朝的边界。这让隋炀帝愤怒不已,区区弹丸之地,竟敢打到隋朝的地盘上,实在是忍无可忍,隋炀帝便起兵征战高句丽。

隋炀帝在两年的时间内对高句丽发动了三次战争,但很可惜的是,三次战争皆以失败告终。
隋炀帝本想着平定高句丽,壮大自我,没想到最后却适得其反,将自己搭了进去,将隋朝也搭了进去。

由于这几次对外战争,隋朝消耗巨大,损失惨重,民不聊生,所以导致了接下来爆发的农民起义。

Pinyin (拼音)

Suí wéndì sǐ hòu, suí yáng dì shàngwèi. Suí yáng dì zài wèi qíjiān, céngjīng sān zhēng gāojùlì, yù fā de jīfāle máodùn, wéi zhīhòu de nóngmín qǐyì mái xiàle yǐnhuàn.

Dāngshí de gāojùlì wèiyú zhōngguó de dōngbian, zhànjù cháoxiǎn bàndǎo de dàbàn bùfèn. Dànshì yǔ suícháoxiāng bǐ, hái suànshì yīgè miànjī bǐjiào xiǎo de guójiā, dànshì yóuyú gāojùlì de qiánshēn shì yóumù mínzú, suǒyǐ gāojùlì rén gè gè dōu xiāoyǒng shànzhàn, suǒyǐ yě gèngjiā nányǐ gōngdǎ.

Gāojùlì suīrán biǎomiàn shàng chénfú yú suí cháo, dànshì sīxià lǐ gōujié qítā shìlì, bùduàn de qiángdà zìshēn lìliàng. Dànshì yóuyú gāojùlì de shílì yě bùróng xiǎo qù. Chū yú zhèngzhì ānquán de kǎolǜ, suí cháo hé gāojùlì biǎomiàn shàng háishì bǎochízhe yǒuhǎo de wǎnglái.
Zhídào gāojùlì yī wèi guówáng zài wèi shí, wèile kuòzhāng zìjǐ de lǐngtǔ jìngrán gōngdǎ dào suí cháo de biānjiè. Zhè ràng suí yáng dì fènnù bùyǐ, qūqū dànwán zhī dì, jìng gǎn dǎ dào suí cháo dì dìpán shàng, shízài shì rěnwúkěrěn, suí yáng dì biàn qǐbīng zhēngzhàn gāojùlì.

Suí yáng dì zài liǎng nián de shíjiān nèi duì gāojùlì fādòngle sāncì zhànzhēng, dàn hěn kěxí de shì, sāncì zhànzhēng jiē yǐ shībài gàozhōng. Suí yáng dì běn xiǎngzhe píngdìng gāojùlì, zhuàngdà zìwǒ, méi xiǎngdào zuìhòu què shìdéqífǎn, jiāng zìjǐ dāle jìnqù, jiāng suí cháo yě dāle jìnqù.

Yóuyú zhè jǐ cì duìwài zhànzhēng, suí cháo xiāohào jùdà, sǔnshī cǎnzhòng, mínbùliáoshēng, suǒyǐ dǎozhìle jiē xiàlái bàofā de nóngmín qǐyì.

PEASANT UPRISING IN THE LATE SUI DYNASTY (隋末农民起义)

1	末年	Mònián	Last years of a dynasty or reign
2	不断地	Bùduàn de	End-to-end; steadily; together
3	发动战争	Fādòng zhànzhēng	Start a war; launch a war
4	大兴土木	Dàxīng tǔmù	Be busy at putting up installations; a great bustle of masons and carpenters; build largely; build many new buildings
5	不顾	Bùgù	Disregard; ignore; in defiance of; in spite of
6	民生	Mínshēng	The people's livelihood
7	带来	Dài lái	Bring about; produce
8	反抗	Fǎnkàng	Revolt; resist; react
9	暴虐	Bàonüè	Brutal; cruel; despotic; tyrannical
10	起义	Qǐyì	Uprising; insurrection; revolt; stage an uprising
11	河北	Héběi	Hebei
12	淮南	Huáinán	The area south of the Huaihe River and north of the Changjiang River; central Anhui Province
13	农民起义	Nóngmín qǐyì	Peasant uprising
14	也就是	Yě jiùshì	Namely; i.e.; that is
15	支队	Zhīduì	Detachment
16	最强	Zuì qiáng	Most; strongest; the strongest
17	爆发	Bàofā	Erupt; burst; break out; blow up

18	叛乱	Pànluàn	Rebel; rise in rebellion; armed rebellion; insurrection
19	谋杀	Móushā	Murder
20	群龙无首	Qúnlóng wúshǒu	A group without a leader; no leader in a host of dragons
21	多久	Duōjiǔ	How long?
22	起义军	Qǐyì jūn	Insurgent forces
23	瓦解	Wǎjiě	Disintegrate; collapse; crumble; disorganize
24	实力	Shílì	Actual strength; strength
25	相对于	Xiāngduì yú	Relative to
26	比较	Bǐjiào	Compare; compare with; contrast; parallel
27	队伍	Duìwǔ	Troops; army
28	最后	Zuìhòu	Last; final; ultimate
29	打败	Dǎbài	Defeat; beat; worst
30	其中	Qízhōng	Among; in; inside
31	领导	Lǐngdǎo	Lead; exercise leadership; leadership; leader
32	人物	Rénwù	Figure; personage; person in literature; character
33	被打败	Bèi dǎbài	Be defeated; get floored
34	投降	Tóuxiáng	Surrender; capitulate
35	所以	Suǒyǐ	So; therefore; as a result
36	失败告终	Shībài gàozhōng	End up in failure
37	尽如人意	Jìn rú rényì	Just as one wishes; entirely satisfactory; one's heart's content; up to expectations
38	失败	Shībài	Be defeated; lose; fail; come to nothing

39	或许	Huòxǔ	Perhaps; maybe
40	过于	Guòyú	Too; unduly; excessively
41	分散	Fēnsàn	Disperse; scatter; decentralize; scattering
42	各自	Gèzì	Each; by oneself; respective
43	再加上	Zài jiā shàng	Add; plus; and; more
44	自身	Zìshēn	Oneself; self
45	局限性	Júxiàn xìng	Limitations
46	专业知识	Zhuānyè zhīshì	Professional knowledge; specialized knowledge
47	指导	Zhǐdǎo	Guide; direct; guidance; conduct
48	热血	Rèxuè	Warm blood; righteous ardour
49	走向	Zǒuxiàng	Run; trend; alignment; move towards
50	必然	Bìrán	Inevitable; certain; necessarily; necessity
51	不管怎样	Bùguǎn zěnyàng	Anyway; whatever happens; anyhow
52	推翻	Tuīfān	Overthrow; overturn; topple
53	统治	Tǒngzhì	Rule; dominate; control; govern
54	一定	Yīdìng	Fixed; established; regular
55	趁机	Chènjī	Take advantage of the occasion; seize the chance
56	攻打	Gōngdǎ	Attack; assault; assail
57	唐朝	Táng cháo	Tang dynasty (618 AD -907 AD)

Chinese (中文)

隋朝末年，由于隋炀帝不断地发动战争，而且大兴土木，不顾民生，给老百姓带来了沉重的负担。

为了反抗隋炀帝的暴虐统治，各地爆发了大大小小的起义。在这些起义的队伍当中，有三只是规模比较庞大的，分别是瓦岗军，河北义军和淮南义军。整个农民起义的过程，主要也就是这三支队伍起兵反抗的过程。

在这三支队伍当中，瓦岗军的实力是最强的，也取得了很多次的胜利，但是在胜利之时，却爆发了叛乱，其中几个主要的领导人物都被谋杀了。群龙无首，没过多久这只起义军便被瓦解了。

排在第二的是河北义军，实力相对于瓦岗军来说是比较弱的，但也是一支有实力的队伍，但最后也是被唐军打败了。

最后是淮南义军，其中主要的两个领导人物，一个被打败，一个投降了。所以三支队伍皆以失败告终。

虽然隋末爆发了很多次的农民起义，但结果都不尽如人意。其中导致失败最大的原因或许是这些起义军过于分散，并没有团结起来，而是各自为营，没有起到 1+1＞2 的效果。再加上农民起义本就有着其自身的局限性，没有专业知识的指导，全靠一腔热血和蛮力，走向失败也是必然的。

但不管怎样，这些起义对推翻隋朝的统治也是起到了一定的作用，最后唐军趁机攻打隋朝，建立了唐朝。

Pinyin (拼音)

Suí cháo mònián, yóuyú suí yáng dì bùduàn de fādòng zhànzhēng, érqiě dàxīngtǔmù, bùgù mínshēng, gěi lǎobǎixìng dài láile chénzhòng de fùdān.

Wèile fǎnkàng suí yáng dì de bàonüè tǒngzhì, gèdì bàofāle dà dàxiǎo xiǎo de qǐyì. Zài zhèxiē qǐyì de duìwǔ dāngzhōng, yǒusān zhīshì guīmó bǐjiào pángdà de, fēnbié shì wǎ gǎng jūn, héběi yìjūn hé huáinán yìjūn. Zhěnggè nóngmín qǐyì de guòchéng, zhǔyào yě jiùshì zhè sān zhī duìwǔ qǐbīng fǎnkàng de guòchéng.

Zài zhè sān zhī duìwǔ dāngzhōng, wǎ gǎng jūn de shílì shì zuì qiáng de, yě qǔdéle hěnduō cì de shènglì, dànshì zài shènglì zhī shí, què bàofāle pànluàn, qízhōng jǐ gè zhǔyào de lǐngdǎo rénwù dōu bèi móushāle. Qúnlóngwúshǒu, méiguò duōjiǔ zhè zhǐ qǐyìjūn biàn bèi wǎjiěle.
Pái zài dì èr de shì héběi yìjūn, shílì xiāngduì yú wǎ gǎng jūn lái shuō shì bǐjiào ruò de, dàn yěshì yī zhī yǒu shílì de duìwǔ, dàn zuìhòu yěshì bèi tángjūn dǎbàile.

Zuìhòu shì huáinán yì jūn, qízhōng zhǔyào de liǎng gè lǐngdǎo rénwù, yīgè bèi dǎbài, yīgè tóuxiángle. Suǒyǐ sān zhī duìwǔ jiē yǐ shībài gàozhōng.

Suīrán suí mò bàofāle hěnduō cì de nóngmín qǐyì, dàn jiéguǒ dōu bù jìn rú rényì. Qízhōng dǎozhì shībài zuìdà de yuányīn huòxǔ shì zhèxiē qǐyì jūn guòyú fēnsàn, bìng méiyǒu tuánjié qǐlái, ér shì gèzì wéi yíng, méiyǒu qǐ dào 1+1>2 de xiàoguǒ. Zài jiā shàng nóngmín qǐyì běn jiù yǒuzhe qí zìshēn de júxiàn xìng, méiyǒu zhuānyè zhī shì de zhǐdǎo, quán kào yī qiāng rèxuè hé mán lì, zǒuxiàng shībài yěshì bìrán de.

Dàn bùguǎn zěnyàng, zhèxiē qǐyì duì tuīfān suí cháo de tǒngzhì yěshì qǐ dàole yīdìng de zuòyòng, zuìhòu tángjūn chènjī gōngdǎ suí cháo, jiànlìle táng cháo.

www.QuoraChinese.com